# 内河水上交通事故应急处置实务

陈晓安 编

人民交通出版社股份有限公司
北京

## 内 容 提 要

本书讲解了水上交通事故应急处置的原则、程序、操作技能实务，通过对真实案例进行深度分析，让读者获得应急处置的"实战体验"。

本书可供船舶驾驶人员、水运企业管理人员、水运事务中心监管人员、水上交通执法人员、交通部门管理人员阅读，也可作为交通运输管理人员、交通执法人员的参考读物。

**图书在版编目（CIP）数据**

内河水上交通事故应急处置实务 / 陈晓安编. —北京：人民交通出版社股份有限公司，2023.7
ISBN 978-7-114-18807-7

Ⅰ. ①内… Ⅱ. ①陈… Ⅲ. ①内河航行—交通事故—事故处理 Ⅳ. ① U676.1

中国国家版本馆 CIP 数据核字（2023）第 090869 号

Neihe Shuishang Jiaotong Shigu Yingji Chuzhi Shiwu

| | |
|---|---|
| 书　　名： | 内河水上交通事故应急处置实务 |
| 著 作 者： | 陈晓安 |
| 责任编辑： | 李　佳 |
| 责任校对： | 赵媛媛　龙　雪 |
| 责任印制： | 张　凯 |
| 出版发行： | 人民交通出版社股份有限公司 |
| 地　　址： | （100011）北京市朝阳区安定门外外馆斜街3号 |
| 网　　址： | http://www.ccpcl.com.cn |
| 销售电话： | （010）59757973 |
| 总 经 销： | 人民交通出版社股份有限公司发行部 |
| 经　　销： | 各地新华书店 |
| 印　　刷： | 北京印匠彩色印刷有限公司 |
| 开　　本： | 880×1230　1/32 |
| 印　　张： | 1.625 |
| 字　　数： | 38千 |
| 版　　次： | 2023年7月　第1版 |
| 印　　次： | 2023年7月　第1次印刷 |
| 书　　号： | ISBN 978-7-114-18807-7 |
| 定　　价： | 20.00元 |

（有印刷、装订质量问题的图书，由本公司负责调换）

# 前言

水上交通事故应急处置是指在事故发生前的临危操作措施和事故发生后的应急处置行动，其目的是要避免出现最坏结果，而不是追求最好结果。

水上交通十分复杂，当事故已经不可避免的时候，就需要我们的从业人员具有良好的临危处置能力，这种良好的处置能力往往可以化险为夷。相反，如果处置失当，也可以使一个小事故演变成惊天大祸，这方面的教训十分深刻。

一些水上交通事故发生以后会演变成为公共安全事件，此时，就需要交通主管部门、水运事务中心、水上交通执法队的人员组织实施应急救援行动。应急处置得当就会很快遏制事态的发展，否则，就会演变成为更大的灾难。

本人长期从事水上交通事故调查与处理工作，深知水上交通事故应急处置的短板所在，因此编写了本书，回答了水上交通事故应急处置各方"怎么做"的问题，相信读者读了这本书以后会有收获，相信这本书会"有用"，也希望读者提出宝贵的意见。

作　者
2023年3月

# 目 录

**第一章　水运事务中心、水上交通执法队水上交通事故应急处置原则** ············ 1
　一、接警阶段要闻风而动，不要坐等指令 ········ 1
　二、响应阶段要唯快不破，不要拖拖拉拉 ········ 1
　三、现场阶段要深入"虎穴"，不要走马观花 ····· 2
　四、研究阶段要抓住重点，不要人云亦云 ········ 2
　五、决策阶段要"丢卒保帅"，不要轻重颠倒 ····· 2
　六、处置阶段要科学施救，不要轻敌蛮干 ········ 3

**第二章　水运事务中心、水上交通执法队应对水上交通事故应急处置的程序** ······· 5
　一、信息报告 ····································· 5
　二、分级响应 ····································· 6
　三、指挥调度 ····································· 7
　四、应急处置 ····································· 8

**第三章　水上从业人员水上交通事故应急处置措施** ································ 10
　一、船舶碰撞的应急处置措施 ····················· 10
　二、船舶失控的应急处置措施 ····················· 11

三、船舶搁浅的应急处置措施 …………… 13
四、船舶触碰水下碍航物体的应急处置
措施 ……………………………………… 14
五、船舶搁置在桥墩上的应急处置措施 …… 15
六、船舶突遇大风的应急处置措施 ………… 17
七、船舶突遇浓雾的应急处置措施 ………… 18
八、船舶污染水域的应急处置措施 ………… 19
九、浮动设施失控的应急处置措施 ………… 19
十、船舶翻沉的应急处置措施 ……………… 20
十一、船舶火灾爆炸的应急处置措施 ……… 20

## 第四章 典型案例分析 …………………………… 22

一、1975 年两艘客轮相撞 …………………… 22
二、船舶触碰水下碍航物 …………………… 25
三、船舶遇大风翻沉 ………………………… 28
四、船舶搁浅 ………………………………… 30
五、船舶搁置在桥墩上 ……………………… 33
六、浮动设施失控（水上施工钢围堰
漂移） ……………………………………… 39

# 第一章

# 水运事务中心、水上交通执法队水上交通事故应急处置原则

水上交通事故的应急处置分为接警、响应、现场、研究、决策、处置六个阶段，各级水运事务中心、水上交通执法队在处置水上交通事故时，应遵循以下原则。

## 一 接警阶段要闻风而动，不要坐等指令

各级水运事务中心、水上交通执法队不管从什么渠道得到水上交通事故的信息，必须立即主动启动应急处置行动的所有准备工作，而不是被动地等待上级的指令。

准备工作包括但不限于执法船艇、执法人员、起重船舶、拖船、起锚船、车辆、潜水员、潜水设备、电焊（切割）工人、油物料、后勤等的准备。要以最好的状态备战，一旦接到启动应急的指令，即刻就能开展应急处置行动。

## 二 响应阶段要唯快不破，不要拖拖拉拉

各级水运事务中心、水上交通执法队要及时协调应急资源企业、水运企业、港口企业、船闸运营单位，为应急救援船舶建立

到达水上交通事故现场的绿色通道，应特别注意沿途的桥梁限高、船闸限高限宽、浅滩限吃水。必要时应采取包括但不限于沿途交通管制、临时禁止其他船舶通行、交通执法船艇引航、调配拖船助航等措施，保障绿色通道畅通。

应急资源单位和企业必须做到"粮草未到，兵马先行"，不能讲价钱，要以最快的速度抵达事故现场。

### 三 现场阶段要深入"虎穴"，不要走马观花

水上交通事故应急处置人员要迅速深入交通事故的核心现场了解情况，包括遇险船舶（浮动设施）状态（如舱室分布、浮态）、货物情况、遇险人员情况、水域通航情况、下游大桥等水上建筑物与构筑物的情况、水域污染情况、城市水源情况、现场已有救援力量（特别要关注切割设备、潜水泵是否配备到位）情况，不接受媒体采访，不随意发表个人"高见"。

### 四 研究阶段要抓住重点，不要人云亦云

现场处置有两个重点，第一是遇险船舶（浮动设施）的处置，第二是水域现场的交通管制、防止污染水域管制以及防止二次伤害。在研究应急处置方案时，应急处置人员要在复杂的现场中发现关键要素，提出解决问题的办法。要敢于表达自己的观点，要善于坚持自己的观点，要虚心接受其他专家的意见，完善自己的观点，准确制定现场处置方案及措施。

### 五 决策阶段要"丢卒保帅"，不要轻重颠倒

水上交通事故的现场往往面临诸多主体之间的关系，例如：船舶（浮动设施）与桥梁、船舶与船舶、船舶与过江线缆、船舶

与货物等，要客观地评估事故的现实危害和潜在危害，对于现实危害和潜在的危害既不能缩小也不要夸大。要尽快地明确谁是"卒"，谁是"帅"，要敢于牺牲"卒"来保"帅"，更不应该为了"卒"而牺牲"帅"。处置措施要尽量简单易操作，要省时省事，直接有效。

## 六 处置阶段要科学施救，不要轻敌蛮干

（1）将乘客的生命安全放在第一位，坚持"先人后物、救人为主、减免损失"的原则，有效防范化解人员伤亡等重大风险，切实把保护驾乘人员生命安全作为最高准则，最大限度消除威胁人身安全的各类因素，减少事故损失。

（2）处置方案要以人为本，救人优先。要科学施救，严密防护，善于博弈，讲究成本，严格控制事态，预防二次伤害。应急救援机构和人员、驾乘人员要摒弃"无所谓，不作为""冲动蛮干"的思维习惯。

（3）应急指挥人员及救援人员应保持"头脑清醒、心态冷静、反应迅速、处理果断"的状态，根据实际情况迅速做出判断，及时采取正确处理措施，克服"惊慌失措、犹豫不决"等不利心态，避免错失处置时机；防止发生二次事故，保障船舶乘客、环境安全。

（4）要避免最坏的结局，不要追求最好的结果。应急处置是对已经发生的险情或事故进行处置，目的是在最短的时间内中止损害。因此，要摒弃"不惜一切代价"的救援理念，要谨慎使用"进攻型"救援战术，要科学地使用"不作为"战术。

（5）水上交通事故的现场往往具有救援船舶多、船舶类

型不一、船舶动力各异、救援人员来自不同单位、水上风浪复杂等特点，因此，现场必须明确一名有经验的指挥员，所有指令只能由其发出，要统一指挥，绝对不允许出现各自为战的局面。

# 第二章

# 水运事务中心、水上交通执法队应对水上交通事故应急处置的程序

## 一、信息报告

（1）水上交通事故发生地的水运事务中心、水上交通执法队在接到船舶事故报告以后，应当在第一时间向上一级水运事务中心、水上交通执法队报告，必要时可以直接向省级水运事务中心、省级水上交通执法队电话报告。

（2）各级水运事务中心、水上交通执法队值班员值班发现或接到水上交通事故报告时，应及时与事发地有关部门联系，迅速确认交通事故性质和等级，并向上级水运事务中心、水上交通执法队报告。

（3）报告内容（包括但不限于）：

①事故发生的时间、地点、信息来源。

②事故现场情况，包括但不限于船舶、驾驶员、货物、乘客、事故性质等信息。

③发生事故的企业概况。

④事故发生的简要经过。

⑤事故已经造成的后果（包括伤亡人数、下落不明的人数）以及影响范围和事故发展趋势。

⑥已经采取的措施、下一步的工作计划、应急处置需求。

⑦信息报送单位、联系人和联系电话等。

⑧其他应当报告的情况。

（4）特别信息报告。

凡发生下列情况或者更严重情况的，各级水运事务中心、水上交通执法队在做好应急处置前期工作的同时，应立即报告省级交通运输主管部门应急值班室。

①水上运输船舶、港口作业、水上交通建设工程造成或可能造成3人（含）以上死亡或失踪；危及3人及以上生命安全；10人及以上重伤；1000万元（含）以上直接经济损失的事故。

②载运危险化学品或油类的船舶发生事故，造成或可能造成运输物质泄漏、扩散，导致加大生态环境危害、交通阻塞或威胁人们生命安全的；重要水运枢纽运行中断，造成或可能造成大量旅客滞留，恢复运行及人员疏散预计24h及以上的事故。

③造成国道、省道中型桥梁发生垮塌的事故。

④重要港口局部遭受严重损失，其他港口瘫痪或遭受灾害性损失的；港口危险货物码头、仓储场所发生火灾、爆炸、泄漏等，造成较大社会影响的；省管干线航道发生较严重堵塞，恢复运行时间预计在12h及以上，并造成较大社会影响的；船舶溢油5t及以上的事故。

## 二 分级响应

（1）发生Ⅰ级水上交通事故时，省水运事务中心立即向省交通运输厅、省人民政府和国家级交通事故应急指挥机构报告情况,并提请国家级交通事故应急指挥机构启动Ⅰ级响应。

(2)发生Ⅱ级水上交通事故时,省水运事务中心立即启动Ⅱ级响应,并组织实施应急工作,同时将有关情况报告省人民政府和国家级交通事故应急指挥机构。事发区域市级、县级水运事务中心、水上交通执法队分别启动并实施本级部门应急响应,且响应级别不应低于上级部门应急响应级别。

(3)发生Ⅲ级水上交通事故时,市(州)水运事务中心、水上交通执法队立即启动Ⅲ级响应,并组织实施应急工作,同时将有关情况报告省水运事务中心。事发区域县级水运事务中心、水上交通执法队启动并实施县级部门应急响应,且响应级别不应低于市级部门应急响应级别。

(4)发生Ⅳ级水上交通事故时,县市区水运事务中心、水上交通执法队立即启动Ⅳ级响应,并组织实施应急工作,同时将有关情况报告市(州)水运事务中心、水上交通执法队。

### 三 指挥调度

#### 1.现场指挥组

现场指挥组负责落实水上交通事故应急处置的保障车辆、船舶,做好运力储备,配备必要的人员和设备,保障资金投入,组织实施人员和物资运输保障工作。

超出现场指挥组应对能力时,由上一级水上交通事故应急组织机构负责应对或提供支援。

#### 2.综合协调组

综合协调组负责与各相关协作部门的沟通联系;保持信息沟通及工作协调;搜集、分析和汇总应急工作情况,跟踪应急处置工作进展情况;定时向上级水运事务中心、水上交通执法队和相关部门报送信息；落实省交通运输厅、省水运事务中心领导有关要求；承办省交通运输厅、省水运事务中心交办的其他工作。

### 3.应急指挥组

应急指挥组负责参加政府组织的有关事故调查；组织协调跨省、市、县应急队伍；协调人员、重要物资的应急运输保障工作；协调与其他运输方式的联运工作；拟定应急运输征用补偿资金方案；承办省交通运输厅、省水运事务中心交办的其他工作。

### 4.通信保障组

通信保障组负责应急处置过程中网络、视频、通信等保障工作。

### 5.新闻宣传组

新闻宣传组负责交通事故的新闻宣传工作；会同省、市、县政府新闻办按照有关规定，做好信息发布工作；承办省交通运输厅、省水运事务中心应急指挥部交办的其他工作。

### 6.现场工作组

现场工作组在现场协助地方人民政府开展交通事故应急处置工作。水上交通执法队对现场水域实施交通管制。

### 7.水上交通事故专家组

水上交通事故专家组由水上交通运输行业及相关行业技术、科研、管理、法律等方面专家组成，负责对应急准备以及应急行动方案提供专家咨询和建议，根据需要参加水上交通事故的应急处置工作。

## 四 应急处置

（1）接到交通事故信息后，各级水运事务中心、水上交通执法队的领导和应急救援人员要立即赶赴现场，及时向上级交通运输部门、同级人民政府报告事故信息，与事故现场建立联系，随时报告更新信息。

（2）水上交通执法队赶赴水上交通事故现场，负责维护水上交通安全秩序，实施水上交通安全管制，严防二次事故的发生，严防船舶污染水域事故的发生。

（3）水运事务中心提供乘客及货物信息、组织疏散乘客船舶、过载货物船舶的调度，提供危险货物特性资料，组织具有交通事故处置能力的企业携带救援人员和设备赶赴现场。

（4）协调相邻省、市、县的水上应急救援力量赶赴现场。

（5）整合各方资源为救援力量尽快到达现场建立绿色通道。

（6）组织现场各部门的专家研究应急处置方案。

（7）收集现场有关证据，参与事故调查。

（8）协助政府有关部门做好宣传、后勤、事故调查、善后工作。

# 第三章

# 水上从业人员水上交通事故应急处置措施

## 一 船舶碰撞的应急处置措施

（1）船舶发生碰撞后，应立即停车，发出警报。不要倒车，以免螺旋桨伤人。

（2）若有人员落水，应朝落水人员一侧操舵。在不危及自身安全的前提下，应迅速向水中抛投救生圈。

（3）本船船首撞入其他船船体时，应开微速进车顶住对方破洞，尽力使破洞处于下风侧，还可用缆绳系住以防脱出，待确认脱开后不会大量进水而造成沉没时方可脱离；若对方损坏严重有沉没危险时，应立即脱离，避免其沉没时压住本船船头祸及本船。

（4）本船船体被其他船撞入时，应尽量把船停住，要求对方顶住破洞并使破洞处于下风侧，待检查确认脱开后不会大量进水而造成沉没时，方可同意对方脱离。

（5）若船体破损进水，应组织排水和堵漏，进水严重时应设法抢滩（没有平舱的散货船不要抢滩）。

（6）船长应督促大副和轮机长查明破损部位的损坏情况，查明有无进水、人员伤亡情况，以及油污染情况及程度。

（7）由水手测量各污水沟、压载舱、淡水舱液位，二管轮测量油舱液位，大副应派专人监督破损部位，及时向船长报告监测结果，以便船长确定自救方案和判断是否需要求助外援。

（8）若碰撞引发火灾或油污染，应按火灾应变部署、船上油污应急计划行动；若发生人员受伤，应立即组织抢救。

（9）若船体碰撞位置在机舱，轮机长应当负责机舱的损害控制，对主机、辅机和舵机等机电设备的损害应立即进行评估和抢修，并向船长报告；还应按指示在舱柜之间进行转移燃油和压载水等工作，同时提供电力和辅助机械等。

（10）船舶碰撞双方，应互换船名、呼号、船籍港、船舶登记编号和出发港、目的港等相关情况。

（11）值班驾驶员应做好详细记录；船员应向船长如实汇报有关情况；船长负责指导驾驶员谨慎如实地填写航海日志。

（12）若被撞船处于危险状态时，在不严重危及本船安全的情况下，应尽力提供援助。

（13）若情况紧急时，船长应请求第三方援助。当碰撞损害严重，确实无力抢救时，船长应宣布弃船求生。

（14）快速船艇相遇，一旦出现碰撞危险时，应该立即停车，而不要试图去采取避让措施。因为快速船艇速度快、噪声大，根本无法与对方统一会让意图，只有立即停车才是最好的避碰措施。

## 二 船舶失控的应急处置措施

（1）立即显示失控船的号灯和（或）号型。

夜间：立即关闭桅灯，同时显示垂直两盏环照红灯。

白天：立即显示垂直两个锚球。

能见度不良的白天：同时显示号灯和（或）号型。

（2）向主管机关报告：船名、船长、吃水、时间、地点、估计后果、有何要求等内容。

（3）充分利用船舶自动识别系统（AIS）、卫星导航系统（GNSS）、甚高频（VHF）等导助航仪器向周围船舶通报本船状况和当时处境，其他船舶应注意防范，主动避让。

（4）紧急准备双锚，做好抛锚准备。

（5）若情况紧急或有潜在危险，应申请附近港口拖轮援助。

（6）利用尚航速度用舵避险，尽量控制船舶，防止搁浅或碰撞事故的发生。

（7）若尚航速度较快应谨慎用锚，待船速降下来船舶难以控制时再择机拖锚，最好拖双锚，出链长控制在2.5~3倍水深；若拖单锚，应抛水深较浅的一侧锚并配合用舵。

（8）若周围水深条件允许，应尽量避开主航道抛锚。

（9）若在航道内出现主机失控，应利用余速操舵使船尽可能保持在航道中央偏上风上流方向，舵角开始应小些，随后应大些。待船舶接近停住时抛锚控制船位在航道内。

（10）若舵机失灵应立即指示船舶启用应急舵操控船舶，若应急舵无效，应立即停车。

（11）慎用全速倒车，以避免螺旋桨的致偏效应造成船舶不利偏转。

（12）若搁浅势所难免，应采取适当措施尽量避免船尾搁浅损伤舵及推进装置。

（13）船舶翻沉处于半浮状态（图3-1）时，应考虑其对下游桥梁、船闸、过江电缆等的潜在危害，当地水运事务中心、水上交通执法队要组织拖船将其拖到岸边进行搁浅，必要时应破舱灌水将其就地沉没。

图3-1 船舶翻沉处于半浮状态

## 三 船舶搁浅的应急处置措施

（1）立即停车，不要盲目采取脱浅措施。

（2）检查船体，若有破损应立即进行损害管制，防止水蔓延。

（3）测量艏、艉及两舷吃水，查明水底地质和坡度，以及船体的损害部位和程度，记录搁浅的时间、地点、气象和水文等情况。

（4）极力保护机舱，确保动力随时可用和投入排水。

（5）了解船体搁浅的性质和准备，认真做好脱浅准备。

（6）用车脱浅时应经过检查，若搁浅较轻，而且尾部有足够多的水深，螺旋桨可以继续工作，则可采用倒车脱浅。用车脱浅时应注意周围环境，避免螺旋桨尾流对其他船舶、人员造成伤害。

（7）用锚力脱浅时应在风浪不大、船体没有坐礁的情况下实施，可在预订离浅方向上加抛辅助锚，利用锚机拉力和倒车的力量使得船体脱浅。

（8）若船体只是一端搁浅而且搁浅点靠近艏部或艉部，未搁浅的一段又有足够的水深，可使用移动载荷脱浅。

（9）在搁浅严重或者礁石插入船底，其他措施不能离浅时，使用船舶过载、卸载的方法脱浅。

## 四 船舶触碰水下碍航物体的应急处置措施

（1）立即停车，切勿盲目动车，以免扩大事故。

（2）派人探测四周水深，检查船体损伤情况。

（3）若触礁较轻，船仍可行动，应尽速驶向浅水收船，全面检查船体。若发现舱漏，应马上进行排水堵漏，以防下沉。

（4）若船身搁于礁石上，千万不能动车，以防扩大洞口，造成沉没。应设法固定船位，以防堵漏或减载上浮造成位移，导致沉没。

（5）若船舶不能行动，切忌用车舵前进、后退或左右摆动，以免破损扩大。

（6）若船舶触礁倾斜，船舷高处应出缆系结牢固，或在船舷低侧以杆支撑，以防船舶倾覆。

（7）装载没有平舱的散货船，触碍航物体后破舱，不要高速航行大舵角抢滩。

（8）客船触礁时，在组织抢救的同时，应维持好旅客秩序。若情况严重，应及时将旅客转移到安全地点。

## 五 船舶搁置在桥墩上的应急处置措施

### 1.船员的应急处置措施

（1）立即向110报警。

（2）所有人员穿好救生衣，等待救援力量。

（3）备车、备锚、准备缆绳配合救援力量的救援行动。

（4）必要时弃船。

### 2.船舶处置措施

一旦船舶搁置在桥墩上面，则船员的应急处置能力几乎不存在了。船舶搁置在桥墩上已经不是单纯的水上交通事故了，而是对桥梁构成了重大安全隐患，威胁到城市公共安全。因此，应急处置措施主要依靠当地有关部门甚至是当地政府组织全社会应急资源实施。

（1）当地水运事务中心、水上交通执法队要尽快组织拖船对搁置在桥墩上的船舶进行应急处置。

（2）尽快评估船舶对桥梁的危害程度，根据船舶对桥墩的危害程度，向当地政府提出封闭或不封闭桥梁交通的建议。

（3）大桥上游有足够宽的水域且水流速度不大的情况下，可以使用拖船在上游进行拖带作业。拖带作业应使用拖带船拖带搁置船首或船尾的方式（图3-2），不可以使用船舶首尾同时拖带的方式（图3-3）。

（4）大桥上游没有足够宽的水域或者水流速度过大的情况下，可以使用拖船在船舶下游将船舶顶离桥墩的方式（图3-4），待船舶与桥梁分离后，将船舶开舱灌水，就地沉没。

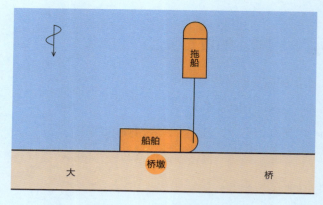

图3-2 正确拖带方式示意图

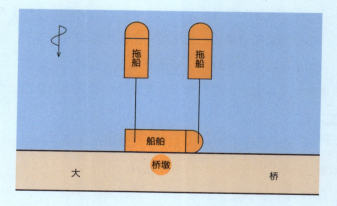

图3-3 错误拖带方式示意图

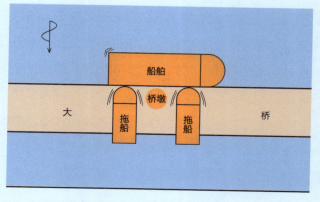

图3-4 拖船在船舶下游将船舶顶离桥墩的方式示意图

（5）也可以直接将船舶以桥墩为轴心进行偏转，使船舶顺流向下漂移，解除对桥墩的威胁（图3-5）。

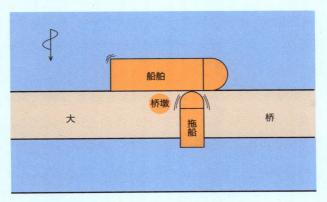

图3-5　船舶以桥墩为轴心进行偏转示意图

（6）如果水面没有办法实施处置，可在桥面上使用移动抽水泵从桥面向船舱灌水，使其就地沉没。

## 六 船舶突遇大风的应急处置措施

（1）加强船舶水密和排水设施设备的检查，确认舱盖完整，确保所有水密门窗完好，并封闭舱盖、道门，关闭货舱通风筒和所有水密门；检查疏通甲板出水孔和有关下水道，确认各泵阀管系污水井等排水设施状态良好，确保排水畅通。

（2）吊货设备、主锚、备用锚、救生艇筏以及一切未固定的甲板物件都要绑牢。舱内或甲板装有重件货物时，应仔细加固，必要时加绑。

（3）备锚备车。

（4）空舱在大风浪中航行时，因受风面积大而增加了风压侧倾力矩，易发生横摇谐振，出现保向性下降、拍底增大、空转加剧、失速严重等危及安全的情况。通过适当压载可以提高抗风浪能力，改善船舶操纵性能。

（5）保持驾驶台和机舱、船首在应急情况下通信畅通。

（6）加强全船巡视检查，保持应急电机、天线、舵设备等处于良好状态；保证消防和堵漏设备随时可用；保证人身安全，全员穿好救生衣。

（7）应使用安全航速，加强瞭望，谨慎驾驶，常核定船位，以免受大风浪影响，船舶偏航，导致触礁、搁浅事故的发生。必要时积极选择安全水域锚泊，松出足够长度的锚链，抛下双锚；机舱备好主、辅机，随时用车舵配合抗风，用车时要注意保持船头顶风，切忌横向受风，并加强与周边船舶联系。

（8）船舶在大风浪中航行时不应盲目掉头转向，确实非常需要时，应极为谨慎，要充分考虑本船的旋回性能，掌握本船的稳性，包括积载情况和自由液面的影响，还要确保主辅机能够正常使用，并把握几个大浪过后海面相对平静的时机。

## 七 船舶突遇浓雾的应急处置措施

（1）加强瞭望，驾驶员必须利用一切有效手段保持正规瞭望，必要时打开驾驶台门窗，充分利用视觉、听觉观察周边环境，并视情况在驾驶台或船首增加瞭望人员。

（2）主机备车航行，以便随时进行变速操作，水手备锚。

（3）采用安全航速，以便采取适当而有效的避碰行动，并能在适合当时环境和情况的距离内把船停住。

（4）根据本船动态，鸣放雾航情况下相应声号，并倾听、观察其他船的声光信号，判断船舶周边安全情况。

（5）充分利用AIS、GNSS、VHF等导助航仪器，获取其他船的信息并跟踪其动态，视情发布本船雾航警报，以提醒过往船舶注意。

（6）运用良好船艺，及早与来船联系，表明会让意图；及早采取避让行动，做到"早、大、宽、清"。

（7）必要时选择合适的水域锚泊并鸣放雾航声号。

## 八 船舶污染水域的应急处置措施

（1）立即向110报告，报告的主要内容包括：船名，船籍港，公司名称，污染水域物体名称、数量，地点。

（2）尽可能关闭发生泄漏舱室的相关阀门。

（3）将船舶驶向安全水域抛锚。

（4）船上禁止一切动火作业，船员禁止吸烟。

（5）当地水上交通执法队要通知污染物流经水域的船舶禁止动火作业，船员禁止吸烟。

（6）当地有关应急处置部门要尽快组织执法船艇、航标船艇、渡船、渔船使用围油栏、吸油毡进行水面清理（禁止使用消油剂）。

（7）通知当地环保部门、城市饮用水企业加强对水质的检测。

## 九 浮动设施失控的应急处置措施

（1）当地水运事务中心、水上交通执法队至少要组织3艘拖船对浮动设施进行控制，并应明确1艘拖船为作业指挥船。

（2）尽可能将浮动设施顶推至岸边搁浅，然后开舱灌水。应从岸边一侧开始开舱灌水，依次向上下游、江心一侧舱室灌水。

（3）浮动设施搁浅后应出锚加强固定。

## 十 船舶翻沉的应急处置措施

(1)乘客要保持镇静,不能惊慌失措,听从船上工作人员的指挥。

(2)船上有救生衣、救生圈的,要迅速穿好救生衣、拿好救生圈。若没有救生衣、救生圈的,则应以船身或其他能浮动的物体作为救生用具。

(3)若船已翻沉,不要挤作一团,应该分散撤离船只,游向岸边、洲滩上或其他救生物。

(4)跳水一定要远离船边,跳船的正确位置应该是船尾,并尽可能地跳得远一些,不然船下沉时涡流会把人吸进船底。跳水时应迎着风向跳,以免下水后遭漂浮物的撞击。

(5)跳水时双臂交叠在胸前,压住救生衣,双手捂住口鼻,以防跳下时呛水。眼睛望前方,双腿并拢伸直,脚先下水。不要向下望,否则,身体会向前扑摔进水里,容易受伤。如果跳法正确,并在跳下前深吸一口气,救生衣会使人在几秒钟之内浮出水面,如果救生衣上有防溅兜帽,应该解开套在头上。

(6)已经离开船舶的船员、乘客不要返回船舶拿取自己的物件、金钱。

(7)翻沉船舶没有完全沉入水中时,不要急于割开水线以上的船体救人,只有当船体触底以后才可以割开船体救人。

## 十一 船舶火灾爆炸的应急处置措施

(1)减速并改变航向,首先考虑风向和着火部位,根据航道情况迅速将船调整到适当方向。减速可减小舱内空气压力,改变航向可以使着火部位背风或将火焰吹向舷外,有利于各项灭火行动的开展。

（2）先控制，后灭火，救人重于灭火。

（3）正确指挥，采用恰当的战术方法进行自救灭火。充分考虑船舶稳性和浮性。射水灭火前应有预估或在灭火期间采取排水措施，保持船舶的稳性和浮性。

（4）彻底扑灭余火，清点船员和乘客，防止人员失散。

（5）灭火没有希望时，应抢滩或弃船。

# 第四章

## 典型案例分析

### 一、1975年两艘客轮相撞

#### 1. 事故简介

1975年8月4日00:25，两艘来往广州—肇庆之间的客轮，在广东省顺德县（现佛山市顺德区）容桂水道蛇头湾河段龙涌（龙冲）口相撞，5min左右两轮相继沉没，乘客与船员共死亡437人，在广东一般称为"八四海事"或"八四海难"。

事故发生的原因，是客轮A为了避让无灯农用船而打满舵改变方向，船首插入客轮B的船身。本来双方驾驶员已商量好用推顶的办法，将缠在一起的两艘船一起顶到岸边。

推顶了一会儿，客轮A驾驶员感觉没有怎么移动，竟鬼使神差，突然采取倒车操作，但因船首已深深插入客轮B船身，这个后退动作撕开了客轮B的创口，江水涌进，而客轮B的钢丝水泥网又紧紧拖住了客轮A船首，两轮一起被拉到深水区，同归于尽。事后检讨，客轮A驾驶员存在重大的操作失误，被判处7年有期徒刑。

当时由于所有客轮的两侧舷窗都被钢条钉牢封死,乘客无法打开舷窗逃生,致使死亡人数达到惊人的437人。

## 2.应急处置分析

本案的应急处置分为两个阶段,一是碰撞发生之前的应急处置,二是碰撞发生以后的应急处置。

图4-1所示为客轮A发现前方的无灯农用船后,为了避免与无灯农用船发生碰撞,错误地采取了大舵角向左转向的应急处置措施,其结果是与客轮B发生大角度碰撞,船首插入客轮B左前舷,无灯农用船毫发无损。

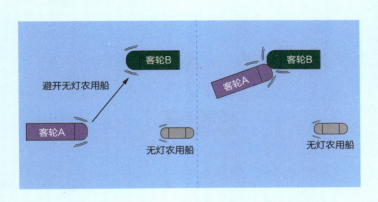

图4-1 "8·4"事故示意图一

图4-2所示为正确的应急处置措施,是客轮A发现前方的无灯农用船后,应采取减速、停车、直至倒车的措施。无灯农用船可能会被撞沉,但是客轮A不会与客轮B发生碰撞,也就不会有后面船沉人亡的最坏结局。

两船发生碰撞以后,两船驾驶员已商量好用推顶的办法,将缠在一起的两艘船一起顶到岸边(图4-3),应该说这个应急处置措施是很正确的,如果这个措施实施到位,应该不会导致船沉人亡的结局。

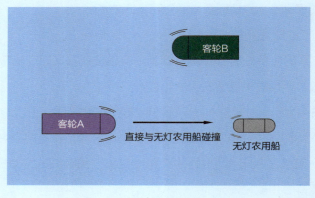

图4-2 "8·4"事故示意图二

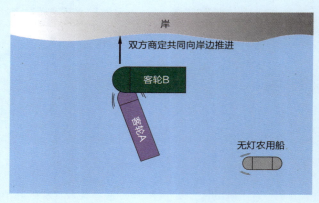

图4-3 "8·4"事故示意图三

在应急处置过程中，客轮A的驾驶员临时改变已经达成共识的应急处置措施，错误地突然采取倒车操作（图4-4），但因船首已深深插入客轮B船身，这个后退动作撕开了客轮B的创口，江水涌进，导致了船沉人亡的惨重结局。

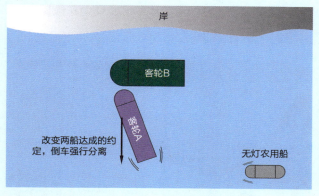

图4-4 "8·4"事故示意图四

## 二 船舶触碰水下碍航物

### 1.事故简介

事故发生当天，货船装载500t碎石（自然堆积，没有平舱）下驶。

12:10，货船航行到事故水域，航速大约12km/h，驾驶员发现正前方约2km处有一艘采砂船正在施工作业，施工船的两舷各系靠一艘自卸运砂船。

货船驾驶员操右舵试图从采砂船左舷下行。突然，驾驶员感觉船首一擦，意识到船首触碰水下障碍物（经鉴定船首破损1m×0.7m，如图4-5所示），马上操左舵试图避开障碍物。这时驾驶员发现船体下沉，立即对水手说："你们两个到船头去检查下"。

2名水手先后下驾驶室跑向船首，当跑到主甲板三分之二的位置时，船首人孔舱盖被水冲开，2名水手立即往回跑，同时挥手叫道："不行了，前头进水了，往坡上（岸边）冲"。

货船驾驶员马上操右满舵，同时将油门加到800r/min左右，试图冲滩,但由于船舱进水,船体下沉,并向左侧倾斜,驾驶员跑出驾驶室时,船舶立即向左侧翻,船上3人全部落水。

图4-5　事故船舶破损船首

船舶翻沉后,附近一艘木质渔船赶来救援,将驾驶员救起,2名水手失踪。

### 2.应急处置分析

本案原本是一起简单的触礁事故,由于触礁以后采取了错误的应急措施"抢滩",最终导致船舶翻沉、死亡2人的惨痛结果。

抢滩又称座滩或冲滩,是指船舶发生触损以后有沉没危险时,设法使船舶搁浅在浅滩上,防止沉没。由此看来,抢滩是一个应急措施,其目的是避免船舶沉没,是一种"丢卒保帅"的措施。近年来,运砂船因为抢滩而船翻人亡的事故时有发生。

本案中船舶航速12km/h(触礁后由于要抢滩,还加了速,航速更高),即约3.3m/s。破洞面积0.7m$^2$,在这种情况下,每秒进入船舱的江水至少有2.3t,只要10s,就有23t以上的江水进入船舱。由于此时船舶全速航行并操右满舵,这23t以上的江水受离心力的作用全部集中在左舷,加上自由液面的影响,使船舶大幅度左倾。船舶大幅度的倾斜，就会立即影响到所装载货物"碎石"的稳定性。

像砂石、碎石、谷物、矿石、煤等货物在自然堆积的情况下，都有一个静止角和崩塌角，一旦船舶的横倾角度到达静止角和崩塌角的差值时（这个角度差一般在4°~8°，视货物的种类、颗粒粗细、干湿不同而不同），这些货物就会发生塌方式位移，导致船舶瞬间翻沉。

对于装载砂石、碎石、谷物、矿石、煤等货物的船舶，在货物没有平舱的情况下，一旦发生触礁事故，全速航行操舵转向去"抢滩"无异于"自杀"。

正确的应急措施是：减速直至停车，让船舶缓慢而平稳地坐沉（抢滩的目的也是要坐沉），在这个过程中，船员可以比较从容地逃生。由于现在的船舶吨位通常都很大，坐沉后，一般不会遭到"灭顶之灾"，至少不会导致人员伤亡，货物也不会翻入水中。即使船舶平稳坐沉遭到了"灭顶之灾"，后续救援打捞的难度和经济损失也比船舶翻沉状态小很多。

和"抢滩"类似的错误操作还有一种，就是当船处于横倾的状态下全速操舵转向航行，这也极易导致船舶翻沉。1998年7月2日，韩国三星海运株式会社"永安"轮满载含水率为10.49%的硫铁矿4498t，航行至我国汕头港外附近海域发生沉没事故。事故原因是硫铁矿在航行途中液化，产生自由液面影响，使船舶发生横倾。船长反复通过调整压载舱水，不但没有使船舶平衡，反而使船舶不断超载。后来船长决定驶往附近的汕头港避难，在右倾5°的情况下，仍以全速前进，在全速中操舵转向，最终导致了该轮沉没。如果船长决定就地锚泊等待救援，翻沉是完全可以避免的。

## 三 船舶遇大风翻沉

### 1.事故简介

事故发生当天12:30，客船驾驶员驾驶客船从码头开航上行驶往景区。开航时，船上乘客和船员共计18人，天气晴朗，微风。约13:40，船舶上行至景区水域，平均航速约6.87km/h。

14时许景区工作人员收到海事部门黄色预警通知，要求停止出船。但事发客船已经出船，工作人员没能将黄色预警信息通知到客船驾驶员。

约14:00，客船从景区开始返航，平均航速约7.91km/h。

约14:30，湖面开始起风并伴有小雨。一位乘客在二层舱室内关闭窗户休息，其余人员均在一层舱室，关闭窗户避雨。

约14:37，湖面刮起大风。

约14:40，当船舶航行至事故水域右岸凸嘴下游外侧50~60m处，风速急剧增大，形成了目测波高超过1m的浪。此时，船舶正处于弯曲航段，右舷横向受强风，并受大浪影响，产生横摇。在风和浪的共同作用下，船体开始往左舷倾斜、船首进水，船舶加速向左舷倾斜并迅速翻沉。

在船舶翻沉的过程中，二层舱室的那位乘客被甩出舱外，一层的2位乘客被进入船舱内的水从船舱门和窗户推出舱外，其他人员随船快速沉入湖底。在舱外的3位乘客自己游至岸边，在自救的过程中被救援人员施救上岸。

### 2.应急处置分析

1）驾驶员漠视恶劣气象，应急处置错误

据生还者反映，两点过后，天气开始变化，随后开始下雨。也就是说，天气的变化还是有一个过程的，并非如龙卷风一样突如其来。

当客船处于A点位的时候（图4-6），此时约14:30，按照客船7.91km/h的航速，此时距离客船翻沉点C点位还有约1320m，调查显示，此时已经有比较大的风了。作为一个长期在水库航行的驾驶员来说，理应意识到恶劣天气即将到来，应该在适当的水域停航躲风，并将乘客从舱内叫到舱面上来，同时穿好救生衣，以应对突发的不测。如果采取正确的应急处置措施，停航躲风，灾难是完全可以避免的；要求乘客穿上救生衣，而不是集中在船舱里面，事故的死亡人数会大大降低。

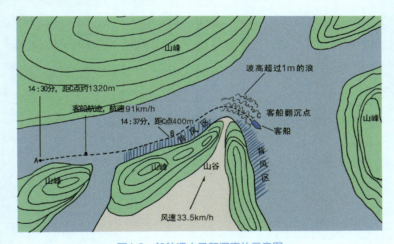

图4-6 船舶遇大风翻沉事故示意图

2）驾驶员在临危点位应急处置不当，冒险驶入惊涛骇浪

山区水库由于地形的特点，使水库水域容易出现小尺度的恶劣气象，像事故水域这样的山凹水域应该不是个别现象，如果驾驶员对水库的危险水域进行了危险辨识和风险管控，这种事故是可控可防的。

事故客船的驾驶员对山区水库极易造成"穿山风"的潜在危害缺乏足够的认识和重视，低估了灾害性大风的威力，轻率冒险航行;在面对恶劣气象时,漠视危险,以侥幸和冒险的心态继续航行,最终导致客船翻沉。

在B点位(图4-6)的时间约为14:37,此时,水面已经掀起狂风巨浪,客船距离翻沉点C点位还有约400m的距离。这个时候客船处于右侧山峰的背风区域,驾驶员还是有时间和条件采取在右侧山的背风处停止航行的措施,灾难仍然可以避免。可是,驾驶员在如此恶劣的气象条件下冒险航行,没有做到认真瞭望,没有做到谨慎驾驶,违反了《中华人民共和国内河交通安全管理条例》第十七条"船舶在内河航行时,应当谨慎驾驶,保障安全"的规定,冒险驶入横风横浪的山凹风口水域,使船舶突然受到横风横浪的袭击。目测波高超过1m的波浪,为什么驾驶员就"视而不见"?风速为33.5m/s的大风,为什么驾驶员就"听而不闻"?竟然敢驾驶客船驶入如此险恶的环境之中,让乘客的生命安全处于极度危险之中,教训极其深刻。

## 四 船舶搁浅

### 1.事故简介

事故发生当日22:55:22,一艘装载炉渣的船舶航行至百花潭河段11号岸标对开下游约300m、距右岸不足10m处,船首左舷船底板触碰右岸边浅滩,航速下降至3.0kn,值班驾驶员随即操右舵。

22:55:35,该船航速约2.8kn,左舷船首脱离岸边浅滩,值班驾驶员驾驶船舶继续向上游航行。

22:56:42,该船航速约3.2kn。此后,该船向左调整航向沿右岸上航,航速逐渐增大。

22:58:15,该船航速恢复到4.2kn。在此过程中,船首下沉，船员前往船首查看情况。

22:58:55，该船航速约3.9kn，继续沿右岸上航，因船首进水，航速逐渐下降，驾驶员操左满舵，拟向岸边抢滩。在此过程中，船上人员将潜水泵放入进水的船首空舱向右舷外排水。因进水速度大于排水速度，艏尖舱和艏空舱逐渐进满水，船首随之下沉，船首吃水增大至约3.82m，船舶略有左倾。

约23:07，该船在飞来峡百花潭河段11号岸标对开水域上游约250m右岸水域抢滩，船首搁在右岸陡坡上，航速降至0，因驾驶员采取左满舵进车，船尾略向江中摆动，船舶未能够抢滩成功。此时，船长利某平开始电话寻求救助。在船尾摆动、船首在岸边水下陡坡上移动的过程中，船舶左倾加剧。

约23:12，该船突然向左舷倾覆，倒扣于水中，船底露出水面。受水流作用，倒扣的船体向下游漂移。漂移约30m后，船尾生活区驾驶台顶后部搁置在百花潭11号岸标对开上游约220m、距右岸约10m的浅滩上。

事故造成在船人员7人全部死亡，没有造成水域污染，直接经济损失181万元。

### 2.应急处置分析

该船触碰边滩以后导致船舶左前底部破口进水（图4-7），驾驶员在不清楚破口大小的情况下，采取了错误的应急处置措施，盲目冒险继续航行。如果驾驶员在此处采取停航的应急处置措施，船舶在艏舱完全进水的情况下，最坏的结果就是船舶座沉，也不至于全员死亡。

该船抢滩开始至向左翻沉历时约5min（图4-8），驾驶员在船首左低右高、右前艏受到浅滩助力的情况下，盲目用左满舵全速前进车，对船舶形成力偶，加上艏舱的水向左舷聚积，导致所装载的货物煤渣发生塌方式位移，最终使船舶向左翻沉，全船人员落水死亡。

图4-7 "粤英德货8083"船左舷舭底破损情况

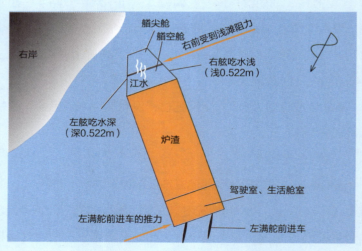

图4-8 "8·27"事故抢滩应急处置示意图

本案中的驾驶员在两次应急处置中，历时约17min，都没有采取停航的正确应急处置措施，而是盲目用舵。如果不冒险航行、不抢滩、不盲目用舵，船舶只会座沉，不会翻沉、不会"全军覆没"。

## 五 船舶搁置在桥墩上

### 1.事故简介

6月15日（第一天）14:30左右，一艘千吨级"货0885"货船停泊码头前沿水域等待卸货，另一艘千吨级"货1298"货船在向其靠泊时侧翻，并压在"货0885"上，导致两船翻沉。

6月16日（第二天）17:10左右，由于洪水上涨、水流加速，用于固定拖轮与沉船之间的钢索断裂，导致"货1298"开始缓慢向下游漂移。

18:55左右，"货1298"与三大桥发生碰撞，搁置于三大桥4、5号桥墩之上（图4-9）。

图4-9 货轮搁置桥墩上

至此，一起船舶碰撞事故演变成了一起城市公共安全事故，搁置在桥墩上的沉船严重威胁着大桥的安全。

17日（第三天）凌晨2时许，现场施救指挥部指挥长再次召开指挥部成员会议，结合当前实际，明确各组的任务、标准和完成时限。紧接着排险专家组根据多次现场勘察的实际情况，经过反复讨论，制定了处置方案。

1）方案一

第一个方案是由潜水员下水将四根直径为28mm、长为150m的钢丝绳一端分别捆绑并固定在沉船船首和船尾的四处，钢丝绳另一端分别系固在四艘货船船尾，由四艘货船相绑对事故船进行拖带，同时一艘540hp（马力，1hp=735W）和两艘270hp拖轮在四艘货船前进行拖带和牵引，一直将事故船拖带至水文码头附近后再将事故船靠左岸搁浅固定（图4-10）。

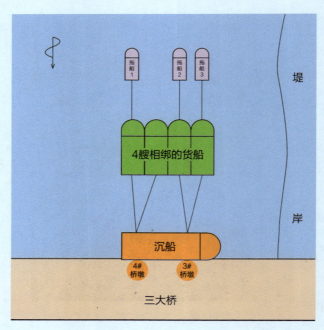

图4-10　方案一实施示意图

23:10，在经过精密部署后果断实施方案一，事故船缓慢移离所撞桥墩。可在离开20m后,船体被河床卡住,加劲后四根钢索有三根断裂,施救行动被迫停止。事故船体位移至3号桥墩上,第一个方案失败。

2)方案二

第二个方案是先在岸边挖地牛固定沉船,用浮吊将整个船头吊起,用地牛绞拖沉船,同时用两艘拖轮顶推沉船,使其离开桥墩,将沉船拖到左岸边(图4-11)。

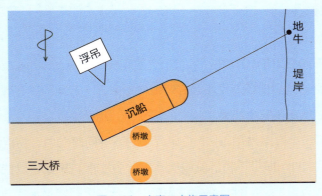

图4-11 方案二实施示意图

第二个方案在实施中被停止。

## 2.应急处置分析

1)方案一

第一个方案动用了大量的人力物力,是一个费力不讨好的方案,而且极易造成二次伤害。水上应急救援与陆地救援最大的不同在于救援行动受水流速度、流向、风力影响很大,参与救援的船舶之间协同行动难度大。本案中参与拖带的4艘货船、3艘拖船不可能同时发力,也不可能在一个方向上发力,尤其是在夜间进行作业,风险极大。而且这个方案准备工作量极大(从17日02:00至17日23:10,准备工作耗时21h10min),不符合应急救援"应急"和"抢时间"的原则,单从耗时上看就是一种失败的行动,幸亏没有发生二次伤害。

2)方案二

第二个方案也需要动用大量的人力物力,也是一个费力不讨好的方案,而且极易造成二次伤害。挖地牛要破堤,要向挖开的地方灌注混凝土形成"牛"。挖土要时间,混凝土凝固要时间,安装大功率绞车要时间。还有浮吊要在沉船上游约20m的地方定位也很难做到。

3)方案三

在19日上午10时许,第二个方案实施过程中,有专家提出了第三个方案。现场专家和领导一致认为第三个方案简单有效,于是决定实施第三个方案。

第三个方案是用2艘拖船在沉船的下游同时发力,将沉船顶离桥墩约1m即可,将沉船破舱,向舱内注水、投沙,以使货船完全沉入江底,牺牲沉船保住大桥的安全。沉船待枯水季节时再解体拆除(图4-12)。

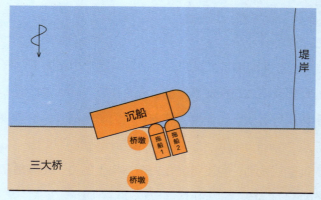

图4-12 方案三实施示意图

19日15:20左右,事故船被成功顶离桥墩(图4-13~

图4-16），并用地锚拉紧固定，并经舱底开口往舱体放入砂卵石和水，使船体下沉固定。同时，施救人员在桥墩边堆放沙袋，确保了桥墩的绝对安全。

a）两艘拖船将沉船顶推离开桥墩现场

b）沉船与桥墩分离

图4-13 事故船被成功顶离桥墩

19日20:00，三大桥解除封闭恢复交通，应急救援处置结束。

在长达94h的应急处置时间里，动用了那么多的人力物力，实施了2个处置方案，为什么没有达到及时解除沉船对大桥安全威胁的目的，值得我们深思。

图4-14 向沉船舱内灌沙

图4-15 用沙袋将沉船和桥墩隔离

图4-16 沉船完全与桥墩分离并沉底

救援人员的应急处置行动已经偏离了应急处置的原则，他们所采取的应急处置措施表面上看是要保证大桥的安全，其实质是想给沉船保留一个"全尸"，这是决策上的错误。

水上交通事故的现场往往面临诸多主体，例如：船舶（浮动设施）与桥梁、船舶与船舶、船舶与过江线缆、船舶自身与货物等。要尽快地明确谁是"卒"，谁是"帅"，要敢于牺牲"卒"来保"帅"。更不应该为了"卒"而牺牲"帅"。本案的经过就是为了"卒"想尽了办法，却严重牺牲了"帅"，牺牲了城市公共安全、人民群众安全出行的大局。

第三个方案的出现，明确了沉船是"卒"，大桥和城市的正常运行是"帅"，果断地牺牲"卒"，才能有效地保证"帅"的安全。思路变了，处置方法就很简单了，用时也只有10h。其实，在实施第一个方案、第二个方案的过程中，几次将沉船拖离了桥墩，可惜在为了保留沉船"全尸"意识作用下，错失良机，与成功处置失之交臂。

## 六 浮动设施失控（水上施工钢围堰漂移）

### 1.事故简介

4月4日凌晨约1:20，某航务工程局有限公司承建的株洲清水塘大桥施工项目部汛期轮值人员发现，24#钢围堰受到湘江洪水冲击后，靠近支栈桥两处钢管定位桩上用来绑定24#钢围堰的钢丝索崩断，将下游的钢管定位桩推倒（其定位桩结构为三根直径80cm、长20m的钢管相互绑定焊接，主要作用是将钢围堰固定位置），致使24#钢围堰脱离钢管定位桩的固定后，失控向下游漂移，对位于下游约1.8km的武广高铁株洲特大桥产生严重威胁。接报后，项目负责人通知栈桥人员立即撤离，并启动应急机制,向株洲市政府应急值班室报告险情。

4月4日凌晨约2:00,株洲市地方海事局收到紧急救援报告后,值班人员立即向局长报告。

2:05,总指挥决定立即启动应急预案。一是向株洲市政府、交通局值班室、省水运事务中心值班室报告险情。二是按照应急预案,由分管副局长负责调集相关海事人员赶赴海事码头;由另一分管副局长负责调集社会救援力量赶赴事故现场,同时要求施工单位携带大功率水泵、切割设备赶赴现场。

2:40许,20余名海事人员赶到海事码头,立即驾驶"湘株救助拖16001"大型海巡救助拖船、"湘海巡09"海巡艇、"湘海巡16002"海巡艇赶赴现场。

2:50许,株洲市芦淞区打捞船队270hp拖船、株洲市石峰区打捞船队辅助船舶、株洲市明洁水上服务公司辅助船舶以及大功率水泵、切割设备、水管、工人赶赴现场。

3:20许,救援人员发现24#钢围堰在距武广高铁株洲特大桥主桥墩上游约5m、横距桥墩约1m的位置搁浅(图4-17、图4-18)。

图4-17　24#钢围堰搁浅在武广高铁株洲特大桥主桥墩上游纵向距离约5m

图4-18 24#钢围堰搁浅在武广高铁株洲特大桥主桥墩上游横向距离约1m

4:30许，经过现场指挥部评估，认为险情重大复杂。按照预案向省水运事务中心请求派专家到现场指导救援。

6时许，省水运事务中心专家赶到现场，乘海巡艇对24#钢围堰进行了全方位的观察，决定立即对24#钢围堰实施破仓灌水就地沉没的处置措施。

6:23许，水位继续上涨，24#钢围堰发生二次漂移，在水流冲击下自行调整方向后在武广高铁特大桥两桥墩之间无接触安全通过，而后继续漂向下游，对下游3km外的京珠高速公路马家河大桥构成严重威胁。

现场救援指挥部当即指挥已在现场的三艘拖轮、四艘海巡艇共30余人开展紧急施救，持续施救近2.7km（图4-19）。8:25许，将24#钢围堰顶固在京珠高速公路马家河大桥上游左岸约300m的浅水处（图4-20）。

8:30许，开始对24#钢围堰实施破仓切割（图4-21）。10时许，开始向仓内灌水（图4-22）。

16时许，24#钢围堰经注水后完全坐底沉滩搁浅，随后插入围堰刃角到河床中，在江边滩涂地设置地锚进行锚固，岸边共设置5组地锚，水中抛设1组钢管混凝土锚块，确保了24#钢围堰的稳定性，至此，险情全面解除（图4-23）。

图4-19　水上持续施救

图4-20　顶固24#钢围堰

图4-21　破仓切割24#钢围堰

图4-22 向24#钢围堰注水

图4-23 锚固24#钢围堰

### 2.应急处置分析

1）反应迅速

接到报警后，海事局立即启动了应急预案，按照预案的要求启动了处置行动的所有准备工作，包括船舶、人员、油物料、水泵、切割设备、水管等。

2）临危不乱

海事局按照两条线开展工作，职责分明，互为支撑。一条线调集在家休息的海事人员,充分保障了应急救援的主力军及时到位。另一条线,调集社会应急救援力量参与应急救援行动,保障了应急救援行动的专业人员、设备物资及时到位。

3)深入现场

在发现24#钢围堰搁置在武广高铁株洲特大桥桥墩附近时,应急救援人员对24#钢围堰的状态、水域环境进行了深入的观察,判明了24#钢围堰对大桥的现实危害和潜在危害。

4)决策果断

为了确保大桥的绝对安全,在省水运事务中心应急救援专家的指导下,救援人员决定对24#钢围堰实施开孔灌水,使24#钢围堰就地沉没的处置措施。

5)指挥统一

在24#钢围堰发生二次漂移以后,现场动用了近10艘船舶进行施救,这些船舶的性能各不相同,船舶驾驶员的水平和操作习惯不一样,加上洪水流速大、流量大,24#钢围堰是一个柜体,很难控制,导致施救极其困难。但是,在现场总指挥的统一指挥下,所有参加应急救援的船舶和船员配合协调极好,为本次救援行动交出了一份完美的答卷。